공부 사춘기

공부 사춘기

발행일   2018년 3월 9일

글   윤 태 황   그림   애드리안 & 대니
펴낸이   손 형 국
펴낸곳   (주)북랩
편집인   선일영   편집   오경진, 권혁신, 최예은, 최승헌
디자인   이현수, 김민하, 한수희, 김윤주, 허지혜   제작   박기성, 황동현, 구성우, 정성배
마케팅   김회란, 박진관, 유한호
출판등록   2004. 12. 1(제2012-000051호)
주소   서울시 금천구 가산디지털 1로 168, 우림라이온스밸리 B동 B113, 114호
홈페이지   www.book.co.kr
전화번호   (02)2026-5777   팩스   (02)2026-5747

ISBN   979-11-5987-339-3 03370 (종이책)

이 도서의 국립중앙도서관 출판예정도서목록(CIP)은 서지정보유통지원시스템 홈페이지(http://seoji.nl.go.kr)와 국가자료공동목록시스템(http://www.nl.go.kr/kolisnet)에서 이용하실 수 있습니다.
(CIP제어번호 : CIP2018006661)

(주)북랩 성공출판의 파트너

북랩 홈페이지와 패밀리 사이트에서 다양한 출판 솔루션을 만나 보세요!

홈페이지 book.co.kr · **블로그** blog.naver.com/essaybook · **원고모집** book@book.co.kr

공부 힐링·윌링·코칭을 위한 노래
그리고 에세이

글 **윤태황** 그림 **애드리안 & 대니**

공부 사춘기

공부 때문에 울고 웃는 학생들에게 권하는
재미있고 즐겁게 공부하는 79개의 방법

**학생 댄자와 선생 니옹의 공부애락工夫哀樂,
공부도 재미있어야 하지!**

북랩 book Lab

공부애락
工夫哀樂

하루의 대부분을 공부하며 보내는 학생들에게 학생 댄자와 선생 니웅은 무엇을 말해 주고 싶은 걸까요?

너의 마음을 이해한다. 참고 견뎌라?
공부 안 해도 먹고 사는 데 지장 없으니 쉬엄쉬엄 공부해라?
그렇게 공부할 거면 무엇하러 공부하니. 공부는 포기해라?

금강산도 식후경이란 말이 있지요. 수업 후에는 쉬는 시간이 있듯이 여러분도 온종일 공부만 할 수는 없습니다. 그저 휴식 시간에 이 글을 읽으며 공부에 대해 힐링하고 쉬어가길 바라는 마음이랍니다.

공부애락(工夫哀樂). 공부 때문에 웃고 공부 때문에 우는 우리의 마음을 네 글자로 표현해 봤습니다. 댄자도 공부애락하는 한 명의 학생이요, 니옹도 공부애락하는 한 명의 선생입니다. 피할 수 없으면 즐기라는 로버트 엘리엇(Robert S. Eliot)의 말처럼, 이 책이 여러분의 공부에 작은 즐거움과 휴식이 되었으면 합니다.

　우리 함께 울고 웃을 준비가 되었나요? 공부애락의 마음이 담긴 『공부 사춘기』. 학생 댄자와 선생 니옹의 이야기를 들으며 공부 힐링·윌링·코칭을 받으러 떠나 봅시다.

2018. 1. 28.
서울 공덕동에서
공부 코치 *윤태황*

차/례

PART 3.

선생 니옹의 **공부하고 놀자**

PART 4.

니옹의 **공부힐링**

PART 5.
부모님을 위한 **공부코칭**

PART 1.
학생 댄자의 **공부야 놀자**

공부를 했어 눈물이 흘러

공부를 했어
하는 척했어

우유를 먹어
음료수 마셔

"그래. 조금 이따 공부 시작하자."

공부를 했어
안경을 만져
연필을 굴려
지우개 만져

"잠이 온다. 한숨만 잘까?"

고개를 숙여
인사를 했어
열 번도 했어
백 번도 했어

책상이 반겨
얼굴을 묻어

눈물이 흘러
꿈속에서도
차가워졌어
축축히 젖어
눈을 떠봤어

"젠장, 침 흘리고 잤어."

그렇게 흘러
시간은 흘러

공부를 했어
하루를 했어
이틀을 했어

시간이 흘러
시험이 왔어
하나도 몰라
시험지 봐도

그렇게 나는
눈물을 흘러

오늘도 지각

개학한 지 한 달인데
오늘도 지각이네

6시 등원인데
무엇이 그리 바빠

하루도 빠짐없이
일주일째 지각일까

오늘은 종례가 늦게 끝났어요
오늘은 반 청소를 했어요
오늘은 버스가 늦게 왔어요
오늘은 동아리가 늦게 끝났어요
오늘은 일진을 피해 돌아왔어요

오늘은 어떤 이유
기다리고 있을까요

6시 등원인데
오늘도 어김없이

6시 30분에
등원하며 늘어놓는
특별한 사연들

세상일은 이상하게
너에게만 일어나네

말로 하면 내가 1등

공부를 잘하고 싶어
공부계획 잔뜩 짰지

하루 밀려 이틀 밀려
도저히 안 되겠다
계획을 다시 짜지

국어 공부 수학 공부
영어 과학 역사 사회

쉴 틈 없는 계획표에
하루 공부 일곱 과목

쉬는 시간 공부하고
학원 가서 공부하고
자기 전에 공부해도

시간 없어 계획불발
공부계획 다시 짜지

이번에는 안 밀리게
선생님께 다짐하지
이젠 절대 안 밀려요

책상 앉아 공부 시작
삼 분 후에 잠이 들어

작심삼일 필요 없어
작심삼분 가능하니

공부계획 고쳤어도
오늘부터 또 밀린다

나도 한때는

초등학교 시절
나도 수재 소리 들었었지
그냥 봐도 90점
공부하면 100점

영재해라
똑똑하다
칭찬받고 격려받고
우쭐대는 마음안고
중학교를 올라갔지

내려갔지 수직 하강
올라가도 롤러코스터

들쭉날쭉 성적표에
이리갸웃 저리갸웃

머리를 이리저리
굴려보고 굴려봐도
생각없어 점수없어

올라가긴 어려워도
내려가긴 쉽더라는
어른들의 선견지명*

정상을 기억하나
정상이 어디던가

오늘도 일단은
낮잠부터 때려본다

* 선견지명(先見之明): 앞을 내다보는 안목이라는 뜻으로, 장래를 미리 예측하는 날카로운 견식을 두고
이르는 말.

엄마아들

성공한 사람들 말을 하지
일을 즐겨라 행복을 느껴라

그런데 난 재미없어
공부에는 흥미 없어

성공한 사람들 말을 하지
열정을 가져라 성취를 느껴라

열정 있어 나도 있어
공부 말고 롤(LOL)*할 때는

그리고 또 열정 있어
축구할 때 농구할 때

공부만이 열정인가
게임하고 노래하고
축구하고 농구해도

열정 있어 나는 누구
촉망받는 엄마아들
사랑받는 아부지딸

공부해라 말을 해도
공부 말고 다 잘하는

나는 누구 누구아들
바로 나는 엄마아들

* LOL: 리그 오브 레전드(League of Legend)의 약자.
  온라인 게임의 한 종류.

허풍쟁이 1

입만 열면 허풍이지
공부계획 거창하지

하루 이틀 밀리는데
문제없다 말을 하지

어제 계획 12과목
오늘 계획 13과목

그제 공부 다 못하니
어제 공부 늘어나고
어제 공부 다 못하니
오늘 공부 늘어나지

그래도 문제없다
오늘도 말하겠지

허풍쟁이 허풍 계획
언제 한번 끝내보나

허풍쟁이 2

하원시간 다가왔지
허풍쟁이 들어왔지

"오늘 공부를 다 못 끝냈습니다."

이미 모두 알고 있지
하늘도 알고 땅도 알고
모두가 아는 비밀인데

본인만 모르는 듯
태연스레 말을 하지

"그래, 어떻게 할 생각이냐?"
"내일 다 끝내겠습니다."

허풍쟁이 결심하니
다시 한번 기회 주지

못 끝낼 걸 알면서도
끝까지 믿어주니

그 사람이 선생이지
그 사람이 스승이지

실수해서 틀렸어요

시험공부 점검하려
모의고사 풀어봤어

100점이면 좋으련만
이것 틀려 저것 틀려

틀린 문제 다시 보니
아닌 것을 고르시오
모두 다 고르시오

맞는 것을 골랐었어
그러니까 틀린 거야

한 개만 얼른 체크
그러니까 틀린 거야

"문제를 꼼꼼히 읽어라."

지난 시험 많이 틀려
분석하니 실수 연발

알고 보니 실수는
알고 보니 실력이네

상위권은 실수 없나
상위권도 실수 있다

상위권도 실수하니
최상위권 가려지네

최상위권 하는 말이,

"실수도 실력이야."

국어 공부

국어는
해도 80점
안 해도 80점

하란 말이야
안 하란 말이야

국어는
평소 실력이다
어머니의 말씀

공부하란 말이야
안 하란 말이야

100점 맞는 친구에게
공부방법 물어보니

평소에 꾸준히 하면 돼

공부하란 말이야
안 하란 말이야

선생님께 찾아가서 공부방법 물어보니
수업 열심히 들으면 돼

공부하란 말이야
안 하란 말이야

과학은 폭망

수업을 들어
안드로메다

분열을 한대
체세포 분열

분열을 한대
감수 분열을

간기는 무엇이며
전기는 무엇이냐

DNA 무엇이며
염색체는 무엇이냐

"학교는 가르쳐 주지도 않고 문제를 내냐!"

수업을 했어
창가에 앉아
햇볕은 노곤
바람은 살랑

봄을 느꼈어
가을을 느껴

눈을 감았지
종이 땡땡땡

노트는 깨끗
프린트 공란
필기는 폭망

그렇게 나는
과학은 폭망

시험 전날

내일이 시험이다
1등을 찾아갔어

1등은 설명했어
하나부터 열까지를

종례가 끝나고도
한참을 더 들었어

귀에 쏙쏙 머리 팡팡
내일 시험 문제없어

1등 설명 들었더니
70점도 80점도
내일 시험 따논 당상

어머니는 물으셨어
"1등은 그 시간에 공부 안 하니?"

1등은 해도 1등
공부 안 해도 1등

오히려 설명 시간
1등에겐 플립러닝*

이것이 일석이조*
이것이 상부상조*

누이 좋고 매부 좋고
1등 좋고 나도 좋고

내일 시험 문제없어
시험아 기다려라

* 플립러닝(Flipped learning): 전통적인 강의식 수업과 달리, 학생
  들이 미리 예습한 내용을 바탕으로 수업 시간에 토론이나 과제
  를 푸는 역진행 수업 방식. 거꾸로 교실이라고도 함.
* 일석이조(一石二鳥): 한 개의 돌을 던져 두 마리의 새를 맞추어
  떨어뜨린다는 뜻으로, 한 가지 일을 해서 두 가지 이익을 얻음을
  이르는 말.
* 상부상조(相扶相助): 서로 의지하고 서로 도움.

시험 당일

아침부터 분주했어
교과서에 참고서에

이것봤다 저것봤다
갈팡질팡 머리땡땡

무엇부터 봐야하나
무엇부터 물어보나

1등 잡고 물어보니
1등 대답 술술인데

내머리는 탈탈털려
들어봐도 모르겠고
들어오면 기억상실

아이고야 큰일났다
5분 후면 시험인데

머리에는 식은땀이
배에서는 트러블이

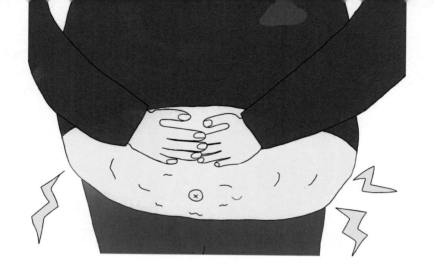

"선생님, 저 화장실 다녀와도 되나요?"

배가아파 머리아파
심장은 두근두근

이번시험 망쳤구나
이놈의 장 때문에

시험 기간 2일째

OMG

어젯밤도 밤을 샜어
만점목표 학교가니

너도나도 정신없어
의욕적인 교실모습

질문하면 답을 해줘
질문하면 답을 못해

100점이 왔다 갔다
그렇게 시험 봤지

"아, 실수."
"아, 잘못 봤어."

시험지는 너덜너덜
내마음도 너덜너덜

터벅터벅 걸어오니
내일시험 남았구나

비몽사몽 책상앉아
자습서를 펼쳤더니

자습서는 베개로다
책상위는 침대구나

천재의 시험공부

선생님요 시험대박
나는천재 나는만재

지나가듯 공부하니
역사시험 칠팔십점

문자하나 보냈더니
선생님은 덩실덩실

안심하는 선생님께
아무말도 하지않고

나는간다 삽겹살아
먹어주마 삼겹살아

먹고나니 배부르고
배부르니 졸립구나

내일시험 모르겠다
일단먼저 자고보자

한숨자고 일어나니
시계바늘 6PM

이제슬슬 학원가서
내일시험 대비하자

내일도 역사처럼
찍으면 다맞으리

몰라서 틀렸어요

시험지를 채점했어
선생님은 물으셨지

"이 문제 왜 틀렸냐?"
"몰라서 틀렸는데요."

그것도 자랑이냐
모르는게 있었으면
공부하고 갔어야지

내 말 좀 들어봐요
아는데 틀렸으면
억울하고 원통한데
몰라서 틀렸으니
억울하지 않잖아요

실수하면 실수했다
뭐라 하고

몰라서 틀리면
왜 모르냐 뭐라 하고

아이고 선생님요
내도 사람입니데이

학원키즈

엄마의 스케줄에
이리 가고 저리 가고

월화수목금토일
어느 학원 가야 하나

엄마가 없어지면 스케줄도 잘 모르니
엄마의 학원인가 나의 학원인가

성적이 잘 나와도
나보다 기뻐하는
엄마 먼저 떠오르니

지금 하는 공부는
누구의 공부일까

재미없는 공부를
매일 하고 있자 하니

학생도 걱정이요
부모님도 걱정이요

나를 닮아 공부를 싫어하나
자책하는 부모님은

오늘도 학원 하나
등록하고 오셨구나

자기주도학습

스스로 목표 세워
스스로 계획 세워

스스로 하는 공부
자기주도학습 좋다 하지

계획을 실천하지
실천을 점검하지

퍼펙트한 공부습관
어른되어도 도움되지

스스로 계획하면
시행착오 겪게 되지

그런데 우리 엄마
기다리지 못하는지

스스로 교정하며
발전할 시간 없어

교정도 되기 전에
학원부터 꽂아 넣어

자기주도학습 소원 하나
언제나 요원하지

감시 NO 관심 YES

어머니의 관심 한 번
나에게는 감시 한 번

오늘 수행평가 어땠니?
오늘 학원 어때?
학교 수업은?
친구랑 잘 지내니?
이 옷 어떠니?
이 반찬은 먹어야지!

관심받아 행복해요
사랑해요 부모님을

때로는 조금만요
지나치면 과유불급*

감사해요 고마워요
그렇지만 관심만요

* 과유불급(過猶不及): 지나친 것은 미치지 못한 것과 같다는 뜻의 사자성어.

공부는 결국 학생이 하지

공부 잘하는 아이들
공부하려는 마음 있지
효과적으로 공부하지
공부 습관 잡혀있지

그런데 나?
공부할 마음 아직 없지
공부 방법 잘 모르지
시험 때만 벼락치기

엄마 아빠는 열심히 설명회를 다녀와도
나는 지금 놀고 싶어 열심히 놀고 있어

친구들과 사이좋아
게임 대회 8강 진출
주말에는 축구 대회

때가 되면 하는 거지
공부는 내가 하지

엄마 아빠 닦달해도
공부는 내가 하지

대학서열 노래

서연고 서성한
중경외시 건동홍
국숭세단 광명상가

세상의 모든 것은
줄이 세워지잖아요

자전거의 등급도
가전제품의 등급도
아파트의 등급도
세계 도시의 등급도

세상 사람들은
모든 것을 줄 세우며 비교해요

그래도 걱정하지 마세요

세상에서 내 차가 제일이고
세상에서 내 집이 최고이듯

대학 가고 어른 되면
관심 밖의 세상 돼요

자소서 + ㄹ

자소서를 쓰고있지
아니
자소설을 쓰는거지

원서넣고 끝이라는
안도감은 어디가고

자소서는 나타나서
발목잡고 뒷목잡고

써도써도 어림없어
뒤져봐도 비전없어

매달리고 매달려도
결국글은 내가쓰니

돌아보고 돌아보며
다짐하고 결심하니

'고등학교 3년은 망했지만, 대학생활은 정말 열심히 해야지.'

후회해도 소용없어
지나가는 과거와는

이별하고 돌아와서
다가오는 미래에게

인사하고 정다워라
자신있어 대학생활
합격만 시켜다오!

성적은 시간 곱하기 방법

성적 = 시간 × 방법

아무리 공부 감각이 뛰어나고 머리가 좋다 하더라도, 공부에 투자하는 시간이 적으면 성적이 올라가는 데 한계가 있다. 방법이 조금 미숙하더라도 충분한 시간을 확보하면 성적은 어느 정도까지는 올라간다.

시간과 방법 중 어떤 것을 먼저 개선해야 하냐고 묻는다면, 우선은 시간을 확보하라고 말하고 싶다. 시간을 충분히 확보해서 공부하는데도 성적이 오르지 않을 경우 방법을 고치는 것은 이론적으로 간단한 일이나, 엉덩이 힘은 습관이기에 하루아침에 바뀌지 않는다.

시간을 지배할지, 시간으로부터 지배당할지는 선택에 달려 있다. 다른 사람보다 한발 앞서기 위해서는 다른 사람보다 한 시간 더 공부해야 한다는 지극히 단순한 사실. 오늘부터 실천이다.

PART 2.
댄자의 **공부윌링***

* 윌링(Willing): '자발적인, 적극적인, 열렬한'의 의미를 가진 영어. 〈공부윌링〉은 공부를 적극적이고 열심히 하겠다는 의지를 표현하는 단어.

매일 4시간을 공부했어

매일 4시간 365일
비가와도 눈이 와도
팔다리가 부러져도

나는 했어 공부를
많이 했어 공부를

첫 번째 시험에서
성적이 안 나와 고민했어

'나는 바보인가?'

그리고 또 고민했어

'나 정말 열심히 했나?'

4시간 공부해도
1시간 멍을 때려 1시간 잠을 잤어
1시간 공부 했어 1시간 딴짓 했어

마음을 다시 먹어 공부에 집중하자
마음을 먹었어도 바로는 바뀌지 않아

'그래도 희망을 가지자.'

성적이 올라 그런데 조금 올라
수학이 올라 영어가 떨어져
역사가 올라 사회가 내려가
사회가 올라 국어가 폭망

그래도 희망 있어
이제는 자신 있어
모든 과목 자신 있어

공부하는 법을 알아
점수받는 법을 알아

무엇보다 중요한 건
4시간을 앉아있어
4시간을 공부했어

나는 진짜
공부를 했어

욜로족이 나타났다

현재를 즐기라는
욜로*족이 나타났다

학생도 욜로하게
욜로하며 살 수 있어

많은 시간 학교에서
욜로하게 보내려고

공부 시간 잠을 자면
욜로하게 보낸 건가

배울 학(學) 선비 생(生)
배우는 사람이 학생이니

배움을 즐기는 자
공부를 즐기는 자

현재의 인생을 즐기고 있노라
말할 수 있지 말할 수 있어

* YOLO(You only live once): 인생은 한 번뿐이니 후회 없이 이 순간을 즐기며 살자는 주의.

욜로족이 따로 있나
공부하면 욜로 학생

공부와 겸손

공부하면 겸손해져
해도해도 할 것 많아

반 1등 했다 쳐도
전교에서 10명 넘고
전국에는 2,000개 학교
반 1등만 2만 명
어디가서 1등이라 말하기도 민망하지

깊이있는 공부하면
학문의 위대함에
선각자*여 존경심에

머리가 숙여지지 겸손이 배어나와
해도해도 끝없는 게 공부란 걸 알게 되지

* 선각자(先覺者): 남보다 앞서 깨달은 사람.

공부도 게임처럼

게임을 하고 있다
스스로 하고 있다

레벨이 올라간다
재미가 올라간다

조금만 더 하면
만렙을 찍는 거다

공부를 하고 있다
억지로 하고 있다

성적이 올라갔다
10점이 올라갔다

그러나 부모님은
칭찬 한마디 없다

공부도 게임처럼
레벨업은 없는 걸까

30점이 40점으로
40점이 50점으로

차근히 올라가는
게임같이 공부도

천천히 오래오래
즐기면서 하고프다

추석

2017년 추석은
10일짜리 황금연휴

9/30 토요일
10/1 일요일
10/2 임시공휴일
10/3 추석 시작
10/4 추석 당일
10/5 추석 연휴
10/6 대체공휴일
10/7 토요일
10/8 일요일
10/9 한글날

나하고는 상관없어
TV에 나오는 뉴스 소리

'서울 학원가 특수'
'시험 앞둔 지방 학생 학원가로 몰린다.'

시험이 코앞인데
황금연휴 누구 연휴

오늘도 어김없이
10시에 학원 마쳐

학원을 나서며 쌓여있던 카톡을 본다

길을 걷다 멈춰선
신호등 앞에서
우연히 들어오는 추석 보름달

어제 먹은 소보로같은
쟁반같이 둥근달

보름달을 바라보며 소원을 빌어

보름달아 보름달아
수능만점 부탁한다

주체성

누구를 위한 공부인가
나를 위한 공부이지

내가 잡은 목표 따라
계획 세우고 공부하니
돌아오는 성적표도
나의 책임 나의 행복

공부하며 세운 습관
대학가고 취업해도

주체적으로 생각하고
주체적으로 판단하니

책임 있게 공부하고
책임 있게 일을 하지

공부도 스포츠 시합처럼

한국과 일본의 월드컵 예선전
누구를 응원할까

다른 경기는 몰라도
한일전만큼은
무조건 이겨야 하는 당위성이 부여된다

공부도 축구처럼
라이벌은 없는 걸까

나에게 공부 라이벌은
누가 누가 있을까

한 번의 예선전 승리가
한 번의 예선전 패배가
본선 진출을 결정하는 것이 아니듯

한 번의 시험이
나의 입시를 결정하지 않는다

한 번의 시험에서 패할지라도
다음 시험의 승리를 위해
자신의 공부를 분석하고 다시 전략을 짠다

축구팀이 월드컵을 준비하듯
나는 내 공부의 전략을 짜본다

내가 내 공부의 감독이요
내가 내 공부의 선수이다

공부의 목적은 1등이 아니었다

공부를 하며 나 자신을 알아 간다
한계에 부딪히며 나 자신을 알아 간다

나의 강점을 격려하고
나의 약점을 보듬어 주며
공부와 함께 나를 알아 간다

한계를 이겨내며 나 자신을 극복한다
시행착오를 겪으며 나 자신을 극복한다
새로운 지식을 받아들이며 나 자신을 극복한다

그렇게 생각과 경험이 쌓이고 쌓여
나는 재탄생한다

공부를 하며 공부와 함께
나는 새로운 사람이 된다

불안

공부를 하면 마음이 편할 줄 알았는데
공부를 하니 마음이 불안합니다

과거에도 공부를 했습니다
열심히 했습니다

제 자리를 맴도는 성적을 보며
나와 공부는 맞지 않는다고 생각했습니다

그런데 결국 나는
책상에 앉아 수능 공부를 하고 있습니다

그렇게 가기 싫던 대학이
어느샌가 나의 꿈이 되어 나를 압박하고 있습니다

이렇게 공부하면 성적이 올라갈까
오늘도 고민하고 있습니다

불안한 밤 하루가
지나가고 있습니다

공부해서 좋은 점

사회 교과서에 나오는 말
아리스토텔레스*가 말했지
인간은 사회적인 동물이다

중학교와 고등학교
대학이든 사회에서
가르쳐 주는 것은
사회적 동물로 살아가기 위한 과정

설문조사를 했지
기업이 뽑고 싶은 인재를 물어봤지
조사 결과 기업은 말을 했지
성실한 사람을 뽑는다고

무엇이 우리의 성실을 대변할까
성적을 잘 받는다는 것
단순히 등수만 보여주는 것이 아니지
공부를 성실히 했다는 것을 의미하지

성적이 낮다 해도 고민할 필요 없지
사람들은 올라가는 성적표를 좋아하지

* 아리스토텔레스(Aristoteles, BC 384~322년): 고대 그리스의 철학자.

모든 과목 잘할 수는 없지
그러나 못하는 과목
성실히 공부해서 올라가는 성적표는 만들 수 있지

나에게 힘들지만
나에게 어렵지만
성적이 꾸준히 올라가
나의 평판도 꾸준히 올라가

등급이 비록 낮더라도
그 성적이 나의 성실성을 보여주지
나를 뽑고 싶은 인재로 만들어 주지

그리고 대학은 나를 뽑아주지

공부는

고독한 길을
혼자 걸어가는 느낌

가로등 아래
우거진 나무 사이로
혼자 집으로 가는
그런 느낌

어둠이 짙으면 짙을수록
밤이 깊으면 깊을수록
사람은 없어지고
나 혼자 걸어가는 느낌

지치고 지쳐
포기하려다가
끝내 집 앞에 도착하면

그렇게 동이 트고
해가 뜨면

어둠이 보란듯이 걷히며
불현듯 세상이 밝아지는
그런 느낌

공부의 어둠은
모든 희망 품고 뜨는 아침 해와
그렇게 맞바꾸어지나 보다

공부코치 에세이

잠

특별한 일정이 없는 아침은 눈이 일찍 떠진다. 덜 피곤하다. 평소와 비슷하게 자고도 개운하다. 전날 잠이 들 때는 늦잠 자야지 생각했으나 아침에 눈을 떠보면 평소와 다름없는 시간에 일어나 있다. 혹은 더 빨리 깨기도 한다. 그런데 상쾌하다. 왜일까?

그래서 몇 가지 글들을 찾아봤다. 〈헬스조선〉에 소개된 글이 숙면의 이유를 설명해 준다.

1. 수면의 단계

잠은 〈얕은 수면 - 깊은 수면 - 꿈 수면〉 주기로 수면 도중 이를 반복한다. 잠이 들면 1단계 수면 단계로 들어간다. 이때는 굉장히 얕고 작은 소리와 기척에도 눈이 떠지지만 5분이 지나면 2단계에 접어든다. 2단계에서는 두 개의 뇌파가 확인되며 10~15분이 되면 3단계에 들어간다. 이 단계는 깊은 수면의 최초단계로 지금까지 계속해서 형태를 바꾼 뇌파로부터 규칙적인 뇌파로 전환된다. 맥박, 호흡,

혈압도 안정된다. 3단계 이후 4단계에 들어서면 이때부터가 숙면의 단계다.

숙면은 '저속 파동 단계'라고도 하는데, 그 이유는 뇌파의 움직임이 가장 느리기 때문이다. 이 상태에서는 잠을 깨기가 쉽지 않다. 또 신진대사 활동이 현저히 감소하고 성장호르몬 분비가 증가하는데, 이 호르몬은 세포의 회복과 복구 기능도 담당한다. 뒤를 이어 이 주기가 또 반복된다. 수면 중에는 신체와 정신이 번갈아 가며 휴식을 취하기 때문에 수면 주기가 중요하다.

2. 숙면의 이유

같은 시간을 자고도 피로가 풀리기 위해서, 즉 숙면을 위해서는 강박에서 벗어나야 한다. '몇 시간을 자야 한다'는 강박, '내일 몇 시에 꼭 일어나야 한다'는 강박…. 그 생각 자체가 대뇌의 일이기 때문에 깊은 수면을 방해하고 사람을 피로하게 만든다. 몇 시간을 자야 하는지는 몸이 스스로 결정하고 이는 개인차가 있다. 누구는 3시간을 자도 상관없고, 누구는 10시간은 자야 피로가 풀린다.

하루쯤은 강박 없이 잠을 자자. 같은 시간을 자고도 몸은 상쾌해진다.

MEMO

나를 감동시킨 소중한 문장이 있나요?
글을 읽으면서 마음에 들었던 문구를 메모해 보세요.

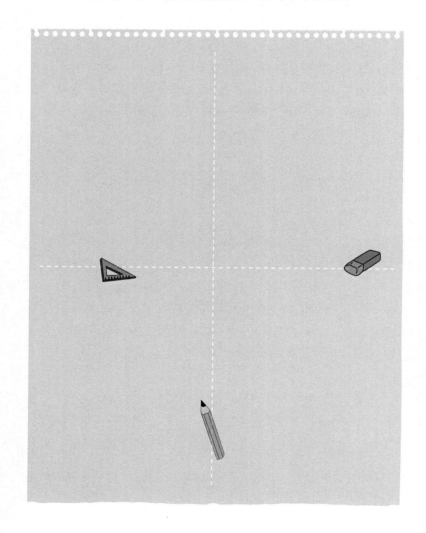

PART 3.
선생 니웅의 **공부하고 놀자**

공부를 잘하려면 일단 공부를 해야 하지

일단 공부를 잘하려면 전제 조건이 있지
공부하는 시간 자체가 많아야 하지

공부하는 시간은 적으면서 공부는 잘하고 싶다면
그것은 욕심이요 허영이지

우리는 마술사도 아니고 초능력자도 아니지
공부를 안 하고도 공부를 잘할 수 있는 방법을 원한다면
미안하지만 그런 방법은 없어
세상에 존재하지 않아

상위권 학생들은 하루에 몇 시간을 공부할까
상위권 아이들은 학기 중에 하루 4시간 이상을
스스로 공부하지
일반 학생들도 학기 중에 4시간은 공부하지

방학 때는 어떨까
상위권 아이들은 하루 10시간을 공부하지
일반 학생들은 방학 중에 공부 시간이 오히려 줄어들지

상위권과 일반 학생의 차이
방학 때 극명하게 갈리는 걸 알 수 있지

공부를 잘하려면 일단 공부를 해야 하지
공부를 잘하려면 일반 학생보다 공부를 더 많이 해야 하지

공부를 하지 않고 공부를 잘하는 방법은 없지
우리는 마술사도 초능력자도 아니기 때문이지

공부를 하는 이유

사람들은 자신의 세계 속에서 살아간다
그 세계에서 어떻게 나올 수 있느냐
다른 세계와 어떻게 맞추어 가느냐
그것이 세상을 성공적으로 살아가는 관건이다

공부는 나와 세상을 이어 준다
나의 세계에 갇혀 있는 나를 일깨워 준다
내가 모르고 있던 세상을 보여 준다
그 세상을 받아들이느냐 받아들이지 않느냐는 나의 몫이다

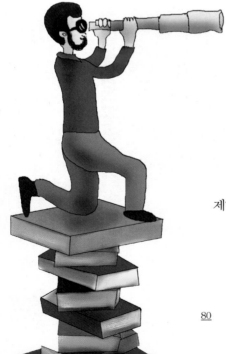

수학 문제를 푸는 데
풀리지 않을 때가 있다

선택은 두 가지다
잘못된 개념으로
문제를 풀어서 틀리거나
제대로 된 개념을 탑재해서
문제를 맞히거나

틀린 개념을 공부해 놓고
문제를 푼 후
실수를 했다고 말하는 친구들이 있다

그렇다 본인이 세상을 잘못 본다고 말하지 않고
세상이 자신을 잘못 보고 있다고 말하는 사람들이 있다
공부는 내가 세상을 제대로 이해하고 배우고 있는지
그 기준을 세워준다 그 척도를 알려준다

그건 실수가 아니고 내가 잘못 외우고 잘못 본 것이라고

나의 세상 속에서 살아갈 것이냐
다른 세계와 맞추어 살아갈 것이냐

공부는 나와 세상을 이어 준다

성적이 오르는 비밀

공부를 했는데 성적이 안 나온다
그 말 일리가 있지
그런데 알 리 없지

성적은 시간만 투자한다고
올라가지 않지

방법을 정확하게
전략을 치밀하게
그래야 성적이 올라

전 범위를 다 봤느냐
모든 단원 꼼꼼하냐

문제집을 살펴보지
문제는 풀려있지
그런데 채점 없지
채점 없으면 오답정리 없지

틀린 문제 복습해야
성적은 올라가지

틀린 문제 정리 없으면
시험가서 또 틀리지

시간을 투자해도 공부를 해도 해도
오답 정리 없으면 성적은 그대로지

성적이 오르는 비밀은
틀린 문제에 있지

급할수록 돌아가라

시험공부 하는 아이들에게
지금 바로 필요한 말은
급할수록 돌아가라

언제나 시험이 다가오면
열심히 공부하지만
성적은 항상 그 자리에 맴맴

왜 그런가 살펴보면
항상 같은 방식으로
같은 시간 투자하며 공부하니
같은 성적 나오는 게 합당한 이치

지금 우리에게 필요한 건
기본으로 돌아가라

개념 공부하는 것이
생각만큼 쉽지 않다

문제 많이 풀면
포만감은 있지만

이것은 흡사
많은 밥을 먹었지만
영양소는 골고루 얻지 못한 꼴

급할수록 돌아가라
교과서에 충실하고
개념공부 집중하라

누군가에게 설명하라
깨끗한 빈 종이에 적어보라

그냥 아는 지식과
설명할 수 있는 지식은 다르다

같은 방식
같은 시간 투자하면
또다시 같은 성적 받음을 명심하라

급할수록 돌아가라

공부와 인생

공부를 하고 있지
사실은 인생을 배우는 것

시험기간 정해지지
시간은 제한되지

시간 안에 완수하는
전략/계획 배우고 있지

공부는 지루하지
끈기가 필요하지

세상의 많은 직업
취업해도 공부하지

인내하며 끈기 있게 공부하는 엉덩이 힘
배우면 배울수록 어른 되어 유리하지

지식을 받아들이고 응용하는 습관
자신을 반성하고 점검하는 힘
선의의 경쟁 공정한 경쟁
시간 활용법 집중하는 법

공부해서 많은 것을 배울 수 있지
공부해서 인생을 배울 수 있지

진짜 공부란

90점 받는 게 중요한 게 아니라
90점 받을 실력을 갖추는 게 중요한 거다

유럽 여행을 다녀온 게 중요한 게 아니라
여행을 제대로 즐길 수 있는 내공이 중요한 거다

비싼 음식 먹은 게 중요한 게 아니라
그 음식을 음미할 수 있는 미각이 중요한 거다

겉이 아닌 그 본질을 아는 것
그럴 때 진짜 공부가 이루어진다

기말고사를 준비하는 자세

중간고사가 끝나고 나니 성적표가 나오지
성적이 오른 과목 성적이 내려간 과목
아쉬운 과목 선방한 과목

잘 나온 과목은 잘 나온 대로
못 나온 과목은 못 나온 대로

기말고사를 대비하는 것이
학생의 올바른 자세

공부를 안 하는 것보다
공부를 하는 것이
훨씬 옳은 선택

그런데
중간고사와 기말고사
공부하는 전략이 조금 다를 수 있지

양학선 선수가 금메달 땄던
체조 종목 떠올려봐

모든 선수 두 번을 뛰어
1차 시기 2차 시기

점수를 평균내지
그리고 메달을 줘

1차 시기 낮은 점수
동메달이라도 따기 위해
2차 시기 준비하지 고난이도 준비하지

1차 시기 안정권 선수
2차 시기 무리해서 금메달 도전?

아니지
1차처럼 안정적인 난이도 도전?

고민하지 전략 짜지

그렇다면 기말고사 어떻게 전략 짤까
1차 시기 중간고사 성적표에 힌트 있지

전교 100명 학생 중에 4등한 물리
턱걸이 1등급 유지하려면
기말고사 집중해서 공부해야 해

200명 중 81등 5등급 수학
4등급 커트라인 전교 80등
한 등수 차이로 4등급 놓쳐
기말고사 어떻게든 4등급 만들어야지

300명 중 175등 5등급 역사
4등급 하려면 전교 120등
수학보다 역사는 가능성 낮아
역사보다 수학에 집중해야 해

중간고사 성적표를 들여다보면
기말고사 전략 나와 공부계획 명확해져

역지사지 학습법

다른 사람의 처지에서 생각하라는
역지사지* 사자성어

나를 알고 적을 알면
100번 싸워 100번 이긴다는
지피지기 백전백승*

나의 부족함을 알고
출제자인 선생님의 의도를 알면
시험이 아무리 어려워도
시험 범위가 아무리 넓어도
100번 시험 봐서 100번 1등급을 받을 수 있어요

나만의 고집, 아집에 매몰되어
다른 곳을 보지 못한 것은 아닐까요

열심히 공부하는데 성적이 나오지 않는다면
나의 문제점도 찾아보고
출제자의 의도도 살펴보세요

* 역지사지(易地思之): 다른 사람의 처지에서 생각하라는 뜻의 사자성어.
* 지피지기 백전백승(知彼知己 百戰百勝): 그를 알고 나를 알면 백 번 싸워도 백 번 이김.

지피지기면 백전백승입니다

마감효과

방학 내내 피타고라스 단원
19개 개념을 외우지 못해
기초적인 문제를 계속 틀리는
학생 댄자에게 특단의 조치가 내려진다

토요일 오후 댄자가 등원했다
니웅은 댄자를 원장실로 불렀고
완자 수학과 노트를 가져오라 한다

"오늘 19개 개념을 나에게 설명하지 못하면 집에 못 간다."

학원 문 닫는 시간은 저녁 8시
댄자는 오후 2시부터 개념 개념 개념 개념…

댄자는 극적으로 8시 25분에 개념 19개를 마스터하고
집으로 가게 되는데…

마감 시간이 정해져 있을 때
마감 시간이 다가올수록 일의 효율이 높아지는 것을
우리는 마감효과라고 한다

시험 기간의 벼락치기 효과는
마감효과로 설명할 수 있다

그러나 마감효과가 평소 실력을
이길 순 없다는 사실 기억하라

공부하라캤잖아

공부하라캤잖아
선생님 말씀

공부 마이 했는데예
아이들 변명

이 내용 외웠더냐
아니요

이 내용 이해했냐
아니요

이 문제 풀 수 있냐
아니요

그럼 넌 무엇을 공부했냐
"선생님이 물어본 것 빼고 다요."

이놈이 나를 놀리나
그러면 다 공부하지
안 하고 뭐 했더냐

하루만 더 있었으면
이것만 외웠으면

1등급이 올라가는데
5점이 올라가는데
평균이 어쩌고
등수가 저쩌고

그러게 이놈아
진작에 공부하라켔잖아

멱살잡이 일보 직전

시험기간 다가오니
어머님이 찾아오네

이번 시험 문제없다
큰소리를 뻥뻥 치니

아이고야 고맙네요
어머님이 큰절하네

시험기간 지나고서
시험지를 살펴보니

지난 시험 45점
이번 시험 43점

어디서 틀렸더냐
시험지 분석보니

암기해야 맞는 시험
암기를 안 했으니

학생이 문제인지
선생이 문제인지

그나저나 학생선생
부들부들 어머님에

우리 모두 죽었구나
멱살잡이 한판 하세

예비 고1을 위한 노래

11월 졸업 고사
레이스는 시작되지

주구장창 놀고먹고
컴퓨터게임 폐인되어

이렇게 놀아본 적
중3 내내 있었던가

고1되어 시험보지
영락없이 후회하지
돌아보면 이미늦지

무엇이 잘못됐나
돌이켜 생각하니

예비 고1 4개월을
흥청망청 놀았더니

고등학교 시작하면
시간없어 경험없어

고1부터 무너지니
고2 고3 와르르르

예비 고1 4개월이
고교 3년 결정하니

예비 고1 준비 없이
고교 3년 못 버티지

잘들어라 예비 고1
11월부터 시작이다

중1을 위한 노래

중학교 들어갔지
자유학기 빵빵하니
시험없어 널널하지

상위권은 꾸준하지
시험이 없더라도
긴장하며 공부하지

보이지 않는 실력
쌓이고 쌓였더니
2학년 되어서는
어김없이 폭발하지

아이고나 허겁지겁
따라가 보려 해도
1등은 저만치에
너무 멀리 가버렸지

공부는 피라미드
1학년 공부 부실하면
중2 중3 공부
흔들리고 무너지니

중학교 공부 무너지면
고등학교 공부 무너지지

사상누각* 하석상대*
미리미리 준비해서

유비무환* 우공이산*
누구나 가능하지

* 사상누각(沙上樓閣): 모래 위에 세운 누각이라는 뜻으로, 기초가 튼튼하지 못하여 오래 견디지 못할
  일이나 물건을 이르는 말.
* 하석상대(下石上臺): 아랫돌을 꺼내 윗돌을 굄. 어떤 일을 임시변통으로 둘러막는 모습.
* 유비무환(有備無患): 준비를 갖추고 있으면 근심이 없음. 대비책을 세우고 있으면 어떤 어려움도 일어
  나지 않음.
* 우공이산(愚公移山): 어리석은 사람이 산을 옮김. 우직하게 한 우물을 파는 사람이 큰 성과를 거둠.

어떤 학과 알고 있니 1

의학과? 경영학과?
서울대 홈페이지 들어가지
학과들을 살펴보지

국어국문학과 중어중문학과 영어영문학과
불어불문학과 독어독문학과 노어노문학과
서어서문학과 아시아언어문명학부

언어학과 국사학과 동양사학과
서양사학과 철학과 종교학과
미학과 고고미술사학과

정치외교학부 경제학부 사회학과
인류학과 심리학과 지리학과
사회복지학과 언론정보학과

교육학과 국어교육과 영어교육과
불어교육과 독어교육과 사회교육과
역사교육과 지리교육과 윤리교육과
수학교육과 물리교육과 화학교육과
생물교육과 지구과학교육과 체육교육과

소비자아동학부 식품영양학과 의류학과
수리과학부 통계학과 물리천문학부
화학부 생명과학부 지구환경과학부

건설환경공학부 기계항공공학부(우주항공공학 포함)
재료공학부 전기·정보공학부 컴퓨터공학부
화학생물공학부 건축학과 산업공학과
에너지자원공학과 원자핵공학과 조선해양공학과

식물생산과학부 산림과학부 응용생물화학부
식품·동물생명공학부 바이오시스템·소재학부
조경·지역시스템공학부
농경제사회학부

간호학과
수의예과 수의학과
약학과 제약학과

동양화과 서양화과 조소과
디자인학부(공예 포함)

성악과 작곡과 기악과(피아노, 현악, 관악)
국악과

계산과학 글로벌환경경영학 기술경영
영상매체예술 정보문화학 벤처경영학
동아시아비교인문학

중국학 미국학 러시아학
라틴아메리카학 유럽지역학 뇌-마음-행동
금융경제 금융수학 과학기술학
공학바이오 통합창의디자인 고전문헌학
인문데이터과학 정치-경제-철학

이렇게나 많은 학과 이렇게나 많은 전공
내가 갈 곳 어디인가 나의 전공 어디인가

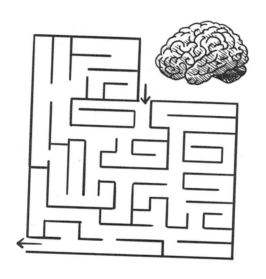

어떤 학과 알고 있니 2

서울대에 모든 학과 있는 것은 아니지
서울대에 없는 학과
다른 대학 특수학과 여기저기 숨어있지

육군사관학교 해군사관학교 공군사관학교
국군간호사관학교 경찰대

서울교대 경인교대 부산교대
대구교대 광주교대 진주교대
청주교대 공주교대 춘천교대
전주교대

한국교원대 한국기술교육대

KAIST GIST DGIST UNIST
POSTECH

중앙대 광고홍보학과
서울시립대 세무학과
한국외대 LD학부
성균관대 영상학과
건국대 부동산학과
동국대 경찰행정학과

항공대 항공운항학과
경희대 한의예과
고려대 사이버국방학과
우송대 철도차량시스템학과

찾아보자 숨은그림
찾아보자 보물찾기

지금 당장 공부하지 않아도 돼

학생 때 열심히 놀았지
그때는 후회 없다 했지

어른이 되었지 후회가 되었지
공부를 시작했지

학비가 부족해 밥이 부족해
잠이 부족해 시간이 부족해

일하며 공부하지
학생 때 무얼 했나

후회해도 소용없지
몸은 두 배로 힘들지

후회해도 소용없지
시간은 과거로 가지 않지

이제야 알게 됐어
우리나라 교육 현실

세계 최강 인류 최강
의무교육 시스템을

중학교 때 고등학교 때
지금처럼 공부했으면
스카이도 문제없고 인서울도 문제없지

지금 당장 공부하지 않아도 되지
학생 때 공부하지 않아도 되지

단지 어른 되어 공부하면
몸과 마음이 두 배 힘들 뿐이지
몸과 마음이 두 배 바쁠 뿐이지

계란후라이

계란후라이 만들어 본 적 있나요?
계란후라이 만들 때 계란을 뒤집어 본 적 있나요?
멋있는 쉐프처럼 계란을 던져서 뒤집어 본 적 있나요?

계란후라이를 만들 때
프라이팬에서 계란을 어설프게 던지면
계란이 프라이팬 밖으로 나가거나
계란이 반만 뒤집히게 됩니다

손목의 스냅을 이용하는 기술도 중요하지만
가장 중요한 것은
계란을 과감하게 뒤집겠다는 여러분의 자신감과 신념이죠

공부를 잘하고 싶다면
계란을 과감하게 뒤집는 것처럼
현재의 공부법에서 벗어나 새로운 공부법을 익히겠다는
여러분의 신념과
노력하면 성적이 반드시 올라간다는
여러분의 자신감이 중요합니다

계란후라이 만들 때 계란을 과감하게 뒤집을 수 있는 용기

지금 여러분에게 필요한 것은
성적을 역전하겠다는 과감한 용기입니다

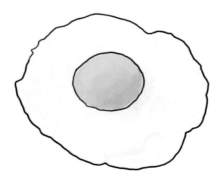

왜 매일 공부할까

하루 단어 10개를 외우면
한 달 후에 300단어

하루 단어 30개를 외우면
한 달 후에 900단어

수학 문제를 하루 10개씩 풀면
한 달 후에 300문제

수학 문제를 하루 30개씩 풀면
한 달 후에 900문제

300문제 푼 학생과
900문제 푼 학생 중
누가 더 시험을 잘 볼까

공부는
주어진 시간 동안
누가 더 많은 양의 지식을 쌓느냐를 겨루는 싸움이다

하루가 쌓여 일주일이
일주일 쌓여 한 달이
한 달이 쌓여 일 년이 된다

10문제 70문제 300문제
30문제 210문제 900문제

하루 이틀 지나면 잘 보이지 않지만
한 달 두 달이 지나면 금방 차이를 보이는 것이
공부이다

나는 오늘 하루
얼마나 최선을 다하고 있는가?

공부라는 나의 성은
견고히 쌓이고 있는가?

대기만성

고등학교 생활을 열심히 안 했어
성실하지 못했었지
그렇다고 끝이던가

대학은 패자부활전
고등학교 성실성이 대학은 보장해도
그다음은 알 수 없지

대학에서 성실성은
대학에서 결정하지

대학 입시 만족도가 떨어진다 할지라도
대학 생활 성실도를 높아지게 만들면은

기업은 판단하지
나의 능력 인정하지

큰 그릇은 늦게 만들어진다는
대기만성* 사자성어

나에게 딱 맞지
나를 위한 말씀이지

* 대기만성(大器晩成): 큰 그릇은 늦게 만들어진다는 뜻
  으로, 시간을 들여 노력하면 늦은 나이에도 성공할 수
  있음을 일컫는 말.

공부코치의 공부체계도

공부의 모든 것은 이 네 가지로 통한다.

학습동기

공부할 마음이 없거나 부족하면 공부는 될 수가 없다. 공부의 시작은 학습의지를 가지는 것이다.

자기주도학습

공부할 마음이 생겼다면, 공부를 하면 된다. 그런데 어떻게 해야 잘할까? 공부 목표, 계획, 실천, 자기반성의 4단계가 원활하게 될 때, 자기주도학습을 잘하는 것이라고 말한다. 여러분은 어디가 막혀 있는가?

그릿(Grit)

공부의지도 있고 학습법도 알지만, 하루하루 실천하지 않는다면, 성적은 오르지 않는다. 꾸준함의 힘, 그것이 그릿이다.

메타인지

학습의지도 있고, 자기주도 학습법도 알겠고, 그릿도 있다. 그런데 성적이 오르지 않는다. 무엇이 문제일까? 스스로 공부의지가 있는 게 맞는지, 학습법을 바르게 알고 있는 것이 맞는지, 나에게 정말로 그릿(끈기)이 있는 게 맞는지!를 분석하는 힘, 자신이 무엇을 알고 무엇을 모르는지 아는 힘, 이것을 메타인지라고 한다. 소크라테스의 유명한 말, "너 자신을 알라." 자신을 제대로 분석하는 사람은 성적이 안 오를래야 안 오를 수가 없다.

공부에 대한 궁금증이 있으면 댓글로 공부코치에게 질문해 보라. 이 네 가지로 모든 대답이 가능하다. 스스로 본인의 궁금증을 쓰고 이 네 가지로 스스로 대답할 수 있다면 퍼펙트! 성적 오를 일만 남았다.

공부 코치 페이지 www.facebook.com/educoach77

MEMO

나를 감동시킨 소중한 문장이 있나요?
글을 읽으면서 마음에 들었던 문구를 메모해 보세요.

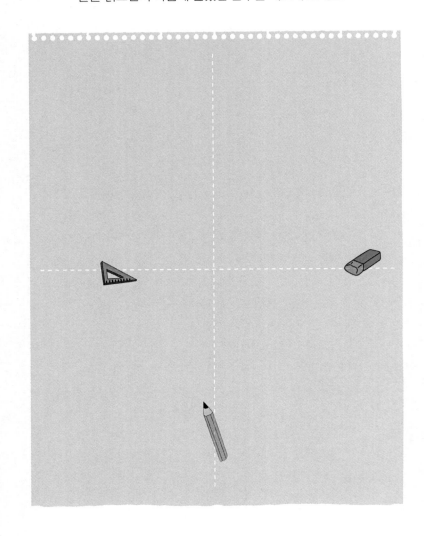

PART 4.
니옹의 **공부힐링**＊

＊ 힐링(Healing): 치유를 뜻하는 영어. 〈공부힐링〉은 공부 때문에 힘든 마음을 위로하고 치유할 때 사용하는 단어.

압박에서 벗어나기

가만히 생각을 해보았다

세상에 이게 좋다더라 저게 좋다더라
이 사람은 이런 습관으로 성공했대
저 사람은 저런 방식으로 성공했대

좋은 말 좋은 방식
들을 때는 좋았는데

막상 생각해보니
나만 많이 모자란가

좋은 이야기를 들으면 들을수록
스스로 점점 작아져 보인다

옳다거니
이제 알 것 같다

그 많은 방식 이야기 좋은 점들
그걸 어찌 내가 다 소화하고
어찌 그걸 다 내 걸로 만들까

정말정말 좋거든
하나라도 실천하자

한 명으로부터 한 개씩 받아도
열 명이면 열 개
백 명이면 백 개
그러니 황새 따라가려다 가랑이 찢어질 수밖에

나도 하나만 성공하자
나도 하나만 제대로 하자
다짐하니

마음이 편안하네
오늘은 꿀잠이네

즐기는 삶

삶은 재밌어야 한다
불행하면 안 된다

공부는 재밌어야 한다
불행하면 안 된다

억지로 참으며 공부하면
행복이 온다는 것은
거짓이다

억지로 참으며 공부를 하면
사회 나와서도 억지로 참으며
무언가를 하게 된다

성인이 되어
그렇게 열심히 일만 하다가
문득 이런 생각이 든다

'그런데, 나의 행복은 어디 있지?'

공부도 삶도 놀이도
즐기면서 해야 한다

아이러니

등잔 밑이 어둡다
했던가?

중이 제 머리 못 깎는다
했던가?

공기청정기 주변에
먼지가 뽀얗게 쌓여 있다

나 자신이 나를 제일 잘 안다지만
때로는 누군가의 조언이
익숙했던 나를 돌아보는
새로운 경험이지

뇌과학에서 말을 하지
한 곳에 집중하면 배경을 못 본다고
편안하고 익숙하면 무뎌진다고

그러니 때로는
누군가에게 나를 맡겨
나를 찾아보는 시간 가져 봐도 좋겠네

등잔 밑이 어둡다고?
그게 뭐야?

공기청정기

인정

인정하는 삶은 평화롭다
인정하는 사람은 평온하다

내가 아직 덜 성숙했음을
나에게 부족함이 있음을
인정하는 순간
나는 편안해진다

공부의 시작은 부족함에 대한 인정이다

새로운 것을 아는 것에 감사하라
더 넓은 세상을 경험하고 배우는 것에 기뻐하라
공부한 만큼 시험 성적이 나왔음을 인정하라

부족함을 알 때 나는 비로소 채워진다

마음가짐

같은 서울 하늘 아래 있는데
그가 보는 세상과 내가 보는 세상이 다르다

같은 하늘 아래 있는데
그의 24시간과 나의 24시간이 다르다

같은 세상을 살아가는데
그의 삶과 나의 삶이 다르다

마음의 문제일까
환경의 문제일까

같은 하늘 아래 있는데
무엇이 우리를 다르게 갈라놓을까

아직은 한계가 아님을

힘들어 봤냐?
얼마만큼 힘들어 봤니?

고생해 봤냐?
얼마만큼 고생해 봤니?

그의 질문에 쉽게 대답하지 못한다

내가 얼마나 힘들어 봤고
얼마나 고생해 봤을까

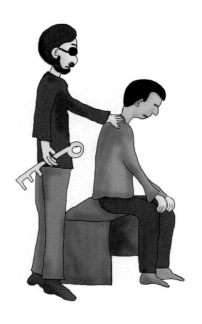

성공 방정식

1단계
잘할 수 있는 일을 하라
그리고 한 우물을 파라

2단계
자신의 분야에서 성공스토리를 만들면 사람들이 다가온다
묵묵히 겸손히 계속하라

3단계
사람이 쌓이고 쌓이면 소문이 난다
소문이 나더라도 똑같은 가치를 유지하라

4단계
그렇게 한결같이 끊임없이 자신을 유지하라
명품이 된다

과정이 있는 삶

과정 하나하나가
다 삶의 연속이요
삶의 전부다

목표만 보고
전진하다가
막상 목표가 달성되면

찰나의 기쁨은 있으나
지나온 과정에 대한 공허함이 든다

그래서
현재를 즐기라고 한다

현재를 즐기란 말은
무턱대고 놀라는 말이 아니라
과정도 즐기며 살아가라는 뜻이다

목표 등급을 달성하는 것도 중요하지만
목표 등급을 위해 공부하는 과정도 중요하다

하루하루 즐겁게 공부하라
의미를 찾아라

쌓이고 쌓여 결과가 되는 것이니
하루하루 의미 있는 공부를 해야 한다

본질 불변의 법칙

우리는 종종
음식을 배우지 않았는데 음식을 잘하고

운동을 배우지 않았는데
운동을 잘하고

대학을 나오지 않았는데
지식이 풍부한

그런 사람을 본다

경영을 배우지 않았는데
경영을 잘하는 CEO가 세상에 많다

배운다는 의미가 뭘까?
꼭 학위가 있어야 배운 것인가
수료증이 있어야 배운 것일까

형식이 본질을 압도하는 세상을 경계해야 한다

우리에게 필요한 것은
형식이 아니라 본질이다

본질의 증명이 형식이었거늘
이제는 형식만 내세워 본질을 주장하려 한다

형식이 있건 없건
껍데기가 볼품 있건 없건
본질은 항상 그 자리에 있다

공부의 본질은 등수가 아닌 배움이다
깨달음이고 확장이다

공부의 본질은 항상 그대로
그 자리에 있다

공부리더

성공한 리더들은 거만함이 없다
그렇다고 그들이 자존감이 없겠는가?

성공한 리더들은 친화력이 높다
그렇다고 그들에게 비판적 사고가 없겠는가?

그들은 대결을 지양하고
상대방의 이야기를 들으며 인정을 베풀었다

리더십
말은 쉬우나 실천이 어려운 영역이다

누구나 리더가 될 수 있으나
누구나 성공한 리더가 될 수는 없다

리더는 스스로 되는 것이 아니라
공동의 지지를 통해 서서히 떠오른다

스스로 공부리더가 되었다고 자만하지 말자
다른 사람이 인정해 줄 때까지 묵묵히 공부하자

리더는 스스로 되는 것이 아니라
다른 사람이 인정해 주는 것이니까

갈팡질팡

꿈이 작다고 뭐라고 할까
꿈이 크다고 칭찬할까

꿈이 작아도 내 기준에서 작은 거고
꿈이 커도 내 기준에서 큰 거다

나만의 기준으로 바라보니
다른 이의 꿈이 큰지 작은지
내 마음대로 재단하는 거다

내 꿈을 다른 이는 어떻게 바라볼까

내 꿈이 작을까 다른 이의 꿈이 작을까
내 꿈이 클까 다른 이의 꿈이 클까

비교하고 재단하는 시간보다
내 꿈이 정말 내가 하고 싶어 만든 꿈인지
그것부터 챙겨보라

마음의 평온은
나에 대한 확신에서 온다

마음이 복잡할 때 눈을 감아요

마음이 복잡하고 답답할 때
1분간 눈을 감아보세요

1분 동안
그 짧은 시간 동안
세상은 바뀌는 게 하나 없지만
나의 마음은
나의 기분은
나의 생각은
달라져 있을 거예요

갑갑할 때
그저 눈을 감아보세요

하고 싶던 일도
해야 하는 일도
1분간은
하고 싶어도 하지 못하는
세계에 묶여 있어요

지나도
지나가지 않아도 되는

1분의 찰나가
나의 마음을 차분하게 해요

1분 휴식

1분은 긴 시간인가 짧은 시간인가

사람들에게 물어보면
대부분은 1분은 짧은 시간이라 대답한다

단어 하나를 외우려고 해도
공식 하나를 이해하려 해도
라면 하나를 끓이려 해도
밥을 한번 지으려 해도

낮잠을 자기에도
계란 하나를 부치기에도
화장실에 가서 볼일을 보기에도

1분은 짧게만 느껴지는 시간이다

그런데 가만히 눈을 감아보라
1분이 지났다 싶으면 눈을 떠보라

보이지 않는 세상 속에서 1분은 한없이 길다

한없이 길어 보이는 시간 속에서
나는 한없이 휴식할 수도
한없이 고요할 수도
한없이 내려놓을 수도 있다

한없이 긴 시간 속에서
내가 하고 싶은 것을 마음껏 하라

그렇게 눈을 감아 1분을 즐겨 봐라

눈을 감아라

일이 잘 안 풀릴 때
눈을 질끈 감아라

가슴이 답답하거든
눈을 질끈 감아라

눈을 감고 있는 동안
세상을 보고 싶어도
일을 하고 싶어도
모든 것은 암흑이 된다
모든 것이 정지된다

그렇게 1분만 있어라

몇 초만 지나도
눈을 뜨고 싶어진다

눈만 뜰 수 있다면
무엇이든 하고 싶어진다

그렇게
차분히
정신을 차리고
다시 일을
다시 공부를 하면 된다

마음이 갑갑할 때
일이 잘 안 풀릴 때
그렇게 1분간 눈을 감아라

긍정의 힘

세상은 긍정 욕구를 상승시키는 방법과
부정 욕구를 제거하는 방법으로
사람을 자극하게 되는데

결국은
긍정 욕구를 상승시키는 쪽이 승리한다

공부는 나에게 어떤 긍정요인이 있는가
공부는 나에게 어떤 부정요인이 있는가

공부를 할 때 얻어지는 긍정요인에 집중하라
그리고 추구하라

긍정적인 사람이 성공한다
긍정적인 사람의 공부가 성공한다

1등이 되더라도

인간은 누구보다 우월하길 원하면서 동시에
누군가 나보다 우월하면
경계 시기 질투한다

우월한 듯 우월하지 않은
상대를 높여주니 자신이 높아지는
우월감을 즐길 줄 아는 사람이
우월한 대접을 받는다

절대 우월하다 뽐내지 마라
우월함을 뽐내는 순간
우울한 앞날이 예고된다

우월한 사람은
스스로 우월함을 뽐내지 않아도
주변이 우월함을 만들어 준다

내가 아닌
그들이 만들어 준 우월함을
추구하라

뽐내지 않는 1등이
더욱 우월한 대접을 받는다

READY

세상은 재미있다.

들어가면 들어갈수록 다른 영역은 못 보고 상자 속 전문가가 되어 버린다. 상자 속으로 들어온 사람에겐 신나게 떠들 수 있지만, 상자 밖의 사람들은 나에게 관심이 전혀 없다.

잡다하게 얇은 지식을 가진 사람은 여기저기 다 낄 수 있지만, 정작 상자 속에서는 자신의 지식을 뽐내기가 어렵다. 상자 속은 이미 전문가로 가득 차 있다.

어떤 삶을 살아야 할까. 어떤 이는 사람들을 상자 속으로 끌어들이려 하고 어떤 이는 상자와 상자를 연결하려 한다. 어떤 이는 상자 속에서만 살지 않고 상자 밖으로 나와 다양한 세상을 보라고 한다.

상자에 들어간 사람도, 상자를 나온 사람도, 상자 주변을 기웃거리는 사람도 모두 내 삶이 바른지, 옳은지 고민한다.

자. 우리가 상자에 들어가는 것도 좋고 상자를 나오는 것도 좋고 상자 주변을 기웃거리는 것도 좋으나, 그 전에 해야 할 일이 있다.

나 자신을 바로 세우는 것. 소속이나 직책이나 직무가 중요한 것이 아니라 내가 어떤 사람이냐는 것.

그래야 비로소 상자와 상관없이 상자에서 벗어나 세상을 제대로 즐길 수 있다.

나를 감동시킨 소중한 문장이 있나요?
글을 읽으면서 마음에 들었던 문구를 메모해 보세요.

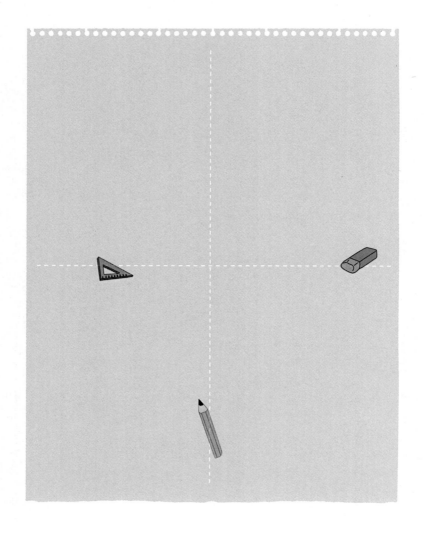

PART 5.
부모님을 위한 **공부코칭**[*]

*코칭(Coaching): 개인이 능력을 최대한 발휘하여 목표를 이룰 수 있도록 돕는 일. <공부코칭>은 공부를 하고자 하는 학생이 능력을 최대한 발휘하여 원하는 목표를 이룰 수 있도록 학생 또는 학부모를 돕는 일.

동기부여

비판 아닌 **인정**을 해주니
　동기가 부여되더라

타박 아닌 **칭찬**을 해주니
　동기가 부여되더라

비난 아닌 **격려**를 해주니
　동기가 부여되더라

지적 아닌 **지지**를 해주니
　동기가 부여되더라

아이들은 그렇게
희망을 먹고 자라더라

아이들은 그렇게
긍정의 힘으로 성장하더라

욕심 빼고 현실 넣고

공부를 해도 성적이 오르지 않아
많은 시간 투자해도 성적 안 올라
고민하지 낙담하지

자녀를 보는 부모 마음
안타깝지 속상하지

부모님의 훈계 말씀
그러나
자식은 부모님 말씀처럼 움직이지 않지

아이들은 말을 하지
나는 로봇이 아니거든

그래도 딴짓 않고 공부만 한다면
그래도 학교만 열심히 간다면
그래도 우리집은 행복한 가정

욕심 조금 내려놓고
현실 조금 올려놓으면

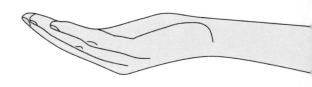

마음이 편안하지
행복이 찾아오지

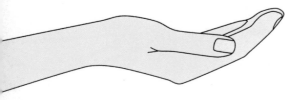

관대함

자녀에게 너무 엄격한 잣대를 들이대지 말라

너무 높은 기준은
나에게 부메랑이 되어 돌아온다

돌아온 부메랑은
나에게 불안 자책 죄책감 상실감을 가져다준다

그러기에 아마도
타인에겐 관대하게
자신에겐 엄격하게
라는 말이 생겼을 것이다

물론
타인에게 엄격하고 자신에게 관대한
사람도 있다

하물며
그것을 알지 못하는 사람도 있다

어찌 보면 그런 삶이 속 편할지도…

그러나
우리가 아는 이상
그리할 수도 없고
그리 사는 것도 고역이다

그러니
관대해지자

너무 엄격한 잣대를 들이대지 말자

5Q

IQ 높으면 공부 잘할 확률 높지
공부만 잘한다고 세상을 잘 살던가
IQ 높다고 무조건 성공하나

IQ 말고도 다양한 Q들 있지

IQ
Intelligence Quotient
지능의 발달 정도를 나타내는 지수

EQ
Emotional Quotient
감성지수 또는 감정적 지능지수

NQ
Network Quotient
다른 사람과 원만한 관계를 나타내는 관계지수

SQ
Social Quotient
타인과 잘 어울리는 능력, 사회성 지수

MQ
Moral Quotient
도덕 지수

아, IQ만 높다고 세상을 잘 사는 게 아니구나
대학만이 세상살이의 전부가 아니구나
IQ는 5Q 중 하나일 뿐이구나

IQ 높다고 나쁠 건 없다지만
세상을 살아가는 다른 Q들 무시하고
다른 Q들 알지 못하면

세상살이 힘들어지지
세상살이 고달프지

학교에서 공부 말고 우리는 모두 배워
타인을 존중하라 타인을 이해하라
원만히 지내거라 규칙을 준수하라

이렇게 배운 것이 어찌 보면 공부보다
성공을 불러오지 행복을 가져오지

빠른 공부보다 바른 공부

초등학교 5학년이 피타고라스를 배우고
중학교 1학년은 미적분을 배운다

그런데
정작 학교 시험은 100점이 안 나온다

부모들은 빠른 공부와 바른 공부를 착각한다
이 아이는 빠르게 공부하며 정답률 80%에 익숙해져 있다

선행 학습량은 많지 않지만 학교 시험 100점 받는 아이와
선행 학습량이 많지만 학교 시험 80점 받는 아이

현행이 100점일 때 선행 학습도 의미가 있다
지나친 선행 학습이 대충 공부하는 아이를 만든다면
빠른 공부보다 바른 공부가 필요하다

다짐 1

학생들을 숨차게 하지 말자
문제풀이 문제풀이 문제풀이

아이에게 필요한 건
이해와 암기

시험 문제 들여다보면
개념이해 사고확장인데
주구장창 문제만 풀리니

아이는 문제의 늪에서
벗어나질 못하고
허우적대다가
한 문제도 건지지 못한다

급할수록 돌아가야지
단어 하나 더 외우고
해석 한 줄 더 하고
영작 하나 더 해보고

그렇게 꿋꿋이 공부한 학생이
시험도 잘 보고 여유도 있더라

무엇을 위한 공부이며
무엇을 위한 시험인가

다시 다짐을 한다

다짐 2

과거에는 기술을 가르치려 했었다
지식을 주입하려 했었다

지금은 방법을 가르치려 한다
터득하는 길을 일깨워 주려고 한다

물고기를 잡아 주는 것이 아니라
물고기 잡는 법을 알려 주는 것이 아니라
물고기 잡는 법을 스스로 알아가도록
이끌어 주려 한다

아이들의 성적은 어떻게 향상되는가

공부에 대한 목적이 생기면 공부에 몰입할 것 같지만, 공부 목적과 공부 몰입은 또 다른 문제다. 공부 목적이 생기더라도 공부 몰입으로 이어지지 않으면 성적은 상승하지 않는다. 그렇다면 어떻게 공부 몰입을 이끌 수 있을까?

아이들을 관찰해 보면, 단순하지만 강력한 수단이 있음을 알 수 있다. 그것은 바로 선생님과 학생의 관계다. 선생님과 학생의 궁합이 좋으면 좋을수록 학생의 성적은 상승한다. 스승과 제자의 관계라는 것은 중요하다. 친하다를 넘어서 존경한다 혹은 따르고 싶다, 조언을 귀담아들을 가치가 있다, 말해 주는 조언이 나에게 도움이 될 것 같다는 선생님에 대한 신뢰 관계가 아이들의 성적 향상을 이끈다.

그런데 아이들의 성장, 이런 조언의 효과는 성적의 향상에 그치지 않는다. 즉, 인격 형성에도 도움을 준다는 것인데, 성적이 향상되는 아이들은 대체로 성격도 변화하거나 강화된다.

무엇이 아이들과 스승 사이에 신뢰를 만들어 줄까에 대해 다양한 의견이 있겠지만, 그중 한 가지는 아이들에 대한 사랑이다. 그리고 믿음이다. 이 아이가 반드시 성공할 것이라는, 성장할 것이라는 믿음. 그것이 전달될 때 아이는 반드시 성장한다.

단순하지만 강력한 힘. 사랑과 믿음. 이것이 아이를 성장시키는 기본 중의 기본이다.

에/필/로/그

모든 학생이 공부하라는 잔소리를 들을 때마다 점수가 1점 오른다면, 우리는 잔소리를 백 번이고 천 번이고 할 것입니다. 그런데 학생은 잔소리를 들으면 들을수록 공부를 더 싫어하고 멀리하게 됩니다. 공부를 안 하면 안 할수록 잔소리는 더 늘어나니, 악순환이 계속됩니다.

반면, 칭찬은 칭찬을 낳습니다. 잘한다고 학생을 격려하면 학생은 더 잘해서 돌아오니, 또다시 칭찬을 받습니다. 칭찬을 받는 학생도, 칭찬을 하는 선생도 기분이 좋습니다.

잔소리를 듣든 칭찬을 듣든 결국 공부는 학생이 합니다. 스스로 공부에 대한 이유를 깨닫고 책임감을 느끼고 실천할 때, 누가 뭐라고 하지 않아도 성적은 자연스럽게 올라갑니다.

학창시절 그렇게 공부를 하기 싫어하던 학부모도 자녀가 학교에 입학하고 나면, 그렇게 공부를 시킵니다. 공부. 참 애증의 관계입니다.

　이런 공부를 유쾌하게 바라보며 즐길 방법이 없을까를 고민하다가 『공부 사춘기』를 출간하게 되었습니다. 학생들과 지지고 볶으며 하루하루 글감을 수집하고 글을 쓰면서 학생들을 더 많이 관찰할 수 있었고 더 많이 이해할 수 있게 되었습니다.

　이 글을 읽은 학생, 학부모, 선생님 모두 공부 힐링, 공부 윌링, 공부 코칭되었기를 바랍니다. 공부는 결국 학생이 스스로 하는 것입니다. 학생들이 공부를 행복하게 하는 데 있어서 『공부 사춘기』가 조금이나마 기여했으면 합니다.

　『공부 사춘기』를 끝까지 읽어주신 독자님께 감사드립니다. 독자님 모두에게 행복한 공부가 함께하길 기원합니다.

나를 감동시킨 소중한 문장이 있나요?
글을 읽으면서 마음에 들었던 문구를 메모해 보세요.

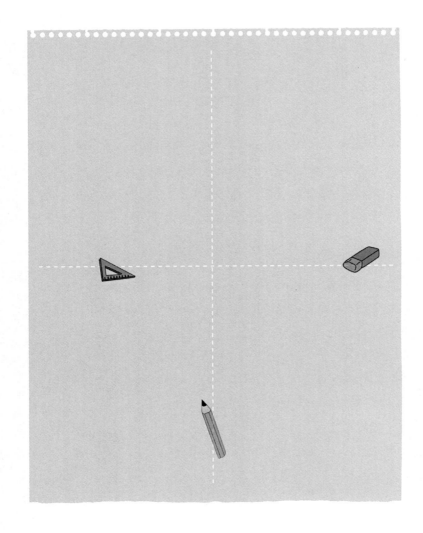

MEMO

나를 감동시킨 소중한 문장이 있나요?
글을 읽으면서 마음에 들었던 문구를 메모해 보세요.

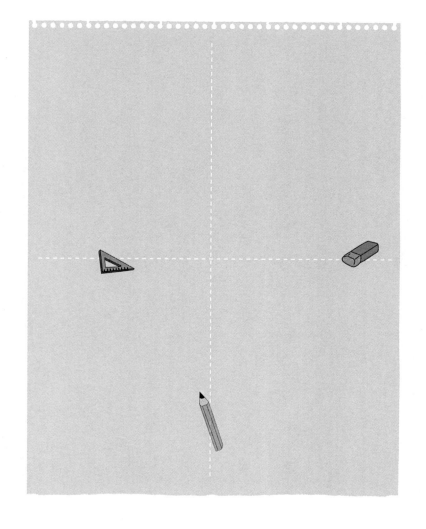

MEMO

나를 감동시킨 소중한 문장이 있나요?
글을 읽으면서 마음에 들었던 문구를 메모해 보세요.

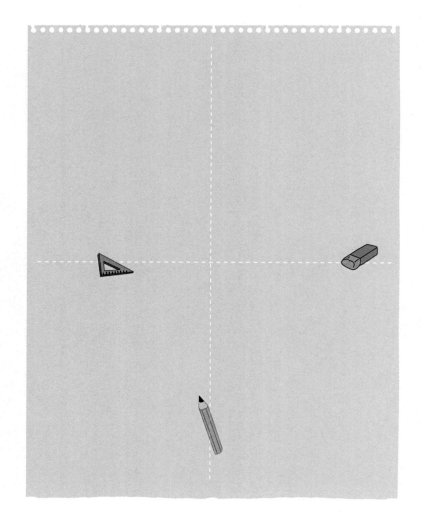

MEMO

나를 감동시킨 소중한 문장이 있나요?
글을 읽으면서 마음에 들었던 문구를 메모해 보세요.

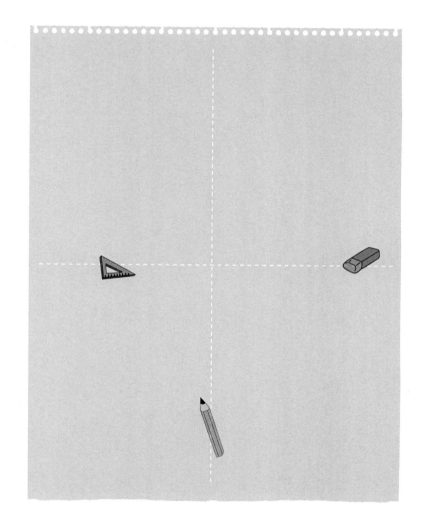

나를 감동시킨 소중한 문장이 있나요?
글을 읽으면서 마음에 들었던 문구를 메모해 보세요.

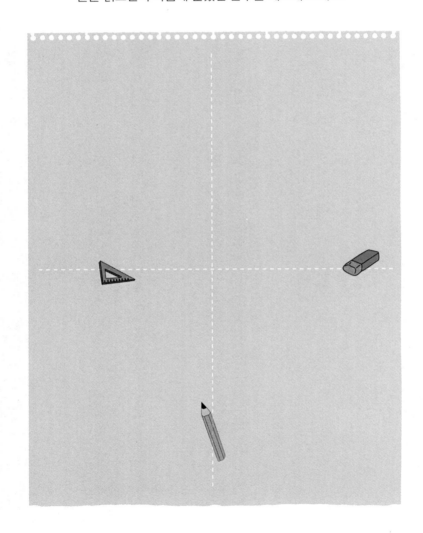